Impressum
Verlag: BABADADA GmbH, Nedderfeld 112 , 22529 Hamburg
Geschäftsführer / Verlagsleitung: Harald Hof
Druck: Books on Demand GmbH, In de Tarpen 42, 22848 Norderstedt

Imprint
Publisher: BABADADA GmbH, Nedderfeld 112 , 22529 Hamburg, Germany
Managing Director / Publishing direction: Harald Hof
Print: Books on Demand GmbH, In de Tarpen 42, 22848 Norderstedt, Germany

# škola

## училище

деление **186/2**

- deliti / деление
- ploča / черна дъска
- učiona / класна стая
- školsko dvorište / училищен двор
- nastavnik / учител
- papir / хартия
- pisati / пиша
- hemijska olovka / химикал
- pisaći stol / бюро
- lenjir / линеал
- knjiga / книга
- učenik / ученик

torba

ученическа раница

pernica

ученически несесер

grafitna olovka

молив

šiljilo za olovke

острилка за моливи

gumica za brisanje

гума

blok za crtanje

блок за рисуване

crtež

рисунка

kist

четка

kutija sa bojama

акварелни бои

makaze

ножица

lepilo

лепило

beležnica

тетрадка за упражнения

domaći zadatak

домашна работа

broj

число

sabirati

събиране

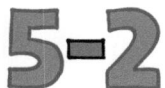

oduzimati

изваждане

množiti

умножение

računati

смятане

slovo

буква

abeceda

азбука

reč

дума

tekst

текст

čitati

чета

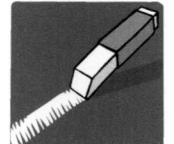

kreda

тебешир

čas

час

dnevnik

дневник на класа

ispit

изпит

svedočanstvo

свидетелство

školska uniforma

ученическа униформа

obrazovanje

образование

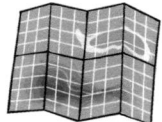

leksikon

справочник

univerzitet

университет

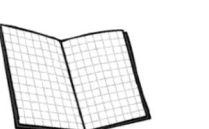

mikroskop

микроскоп

karta

карта

košara za papir

кошче за хартиени
отпадъци

# putovanje
# пътуване

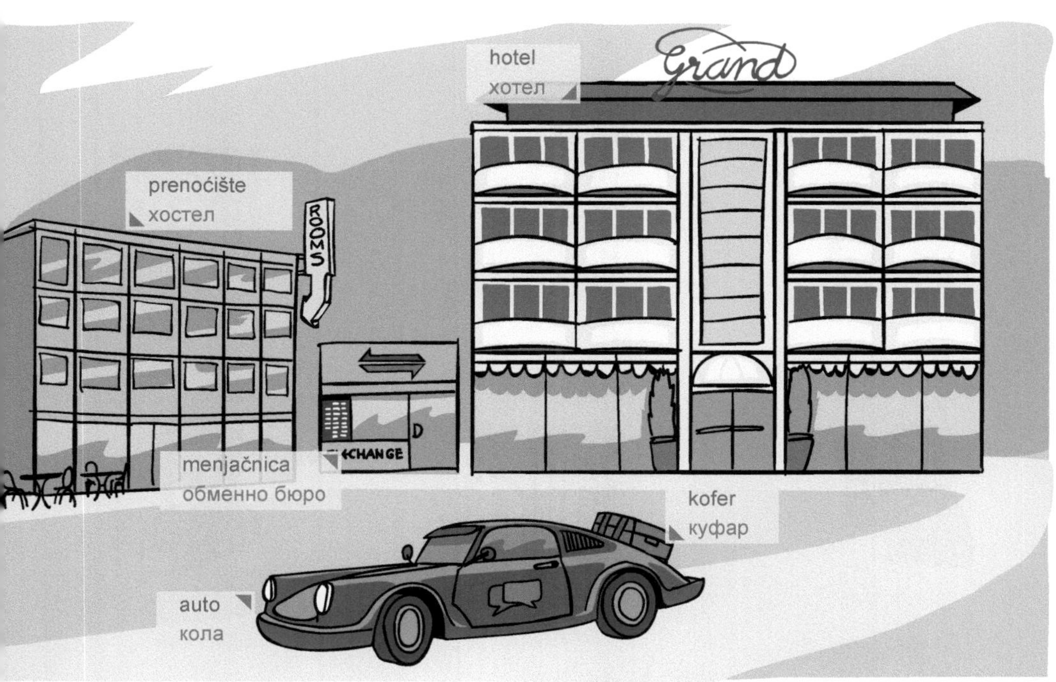

hotel
хотел
Grand
prenoćište
хостел
ROOMS
menjačnica
обменно бюро
EXCHANGE
kofer
куфар
auto
кола


jezik
език

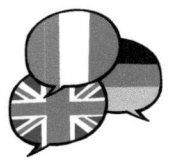

da / ne
да / не

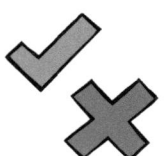

okej
Окей

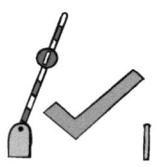

zdravo
здравей

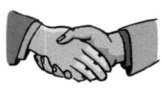

prevodilac
преводач

hvala
Благодаря

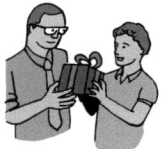

Koliko košta...?

Колко струва…?

ne razumem

Не разбирам

problem

проблем

dobro veče!

Добър вечер!

Dobro jutro!

Добро утро!

Laku noć!

Лека нощ!

doviđenja

довиждане

smer

посока

prtljaga

багаж

torba

пътна чанта

ruksak

раница

gost

посетител

soba

стая

vreća za spavanje

спален чувал

šator

палатка

putovanje - пътуване

turističke informacije
туристическа информация

plaža
плаж

kreditna kartica
кредитна карта

doručak
закуска

ručak
обед

večera
вечеря

karta za vožnju
билет

lift
асансьор

poštanska markica
пощенска марка

granica
граница

carina
митница

ambasada
посолство

viza
виза

pasoš
паспорт

# transport

# транспорт

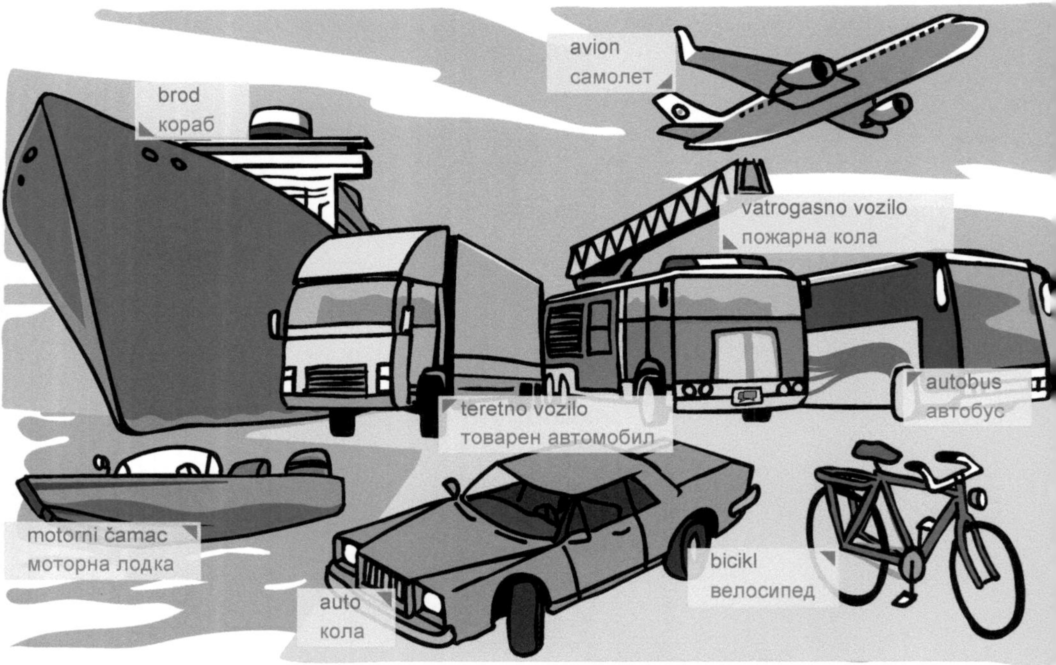
avion
самолет
brod
кораб
vatrogasno vozilo
пожарна кола
autobus
автобус
teretno vozilo
товарен автомобил
motorni čamac
моторна лодка
bicikl
велосипед
auto
кола

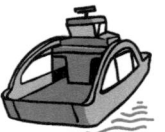

trajekt

фериботт

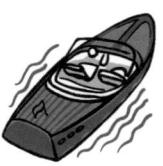

čamac

лодка

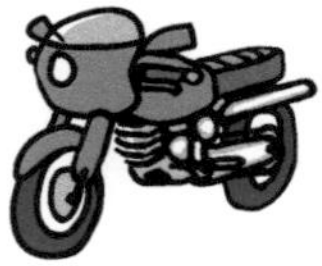

motocikl

мотоциклет

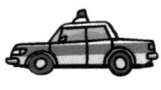

policijski auto

полицейска кола

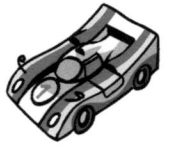

trkaći auto

състезателна кола

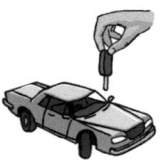

iznajmljeno auto

кола под наем

delenje automobila

каршеринг

vučno vozilo

автомобил от "Пътна помощ"

vozilo za odvoz smeća

сметовоз

motor

двигател

benzin

бензин

benzinska stanica

бензиностанция

saobraćajni znak

пътен знак

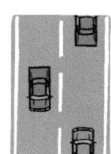

saobraćaj

улично движение

zastoj

задръстване

parkiralište

паркинг

železnička stanica

гара

šine

релси

voz

влак

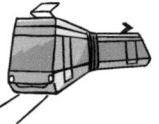

tramvaj

трамвай

vagon

вагон

helikopter

хеликоптер

aerodrom

аерогара

kula

кула

putnik

пасажер

kontejner

контейнер

karton

кашон

kolica

ръчна количка

korpa

кошница

uzleteti / sleteti

излитам / приземявам се

## grad

## град

selo

село

centar grada

градски център

kuća

къща

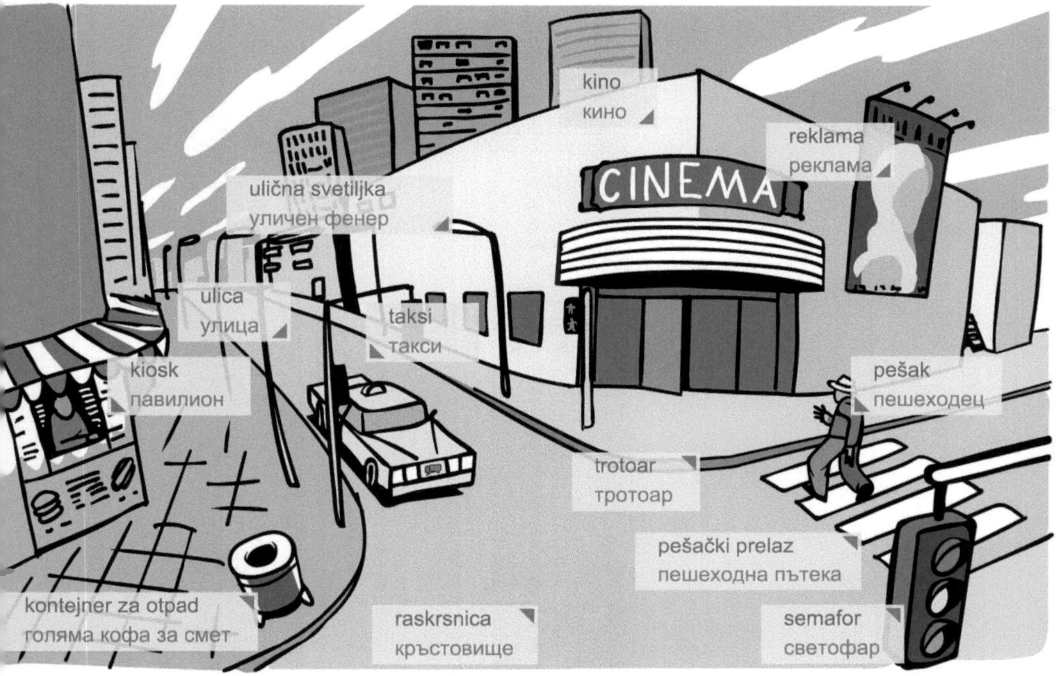

kino
кино

reklama
реклама

ulična svetiljka
уличен фенер

ulica
улица

taksi
такси

CINEMA

pešak
пешеходец

kiosk
павилион

trotoar
тротоар

pešački prelaz
пешеходна пътека

kontejner za otpad
голяма кофа за смет

raskrsnica
кръстовище

semafor
светофар

koliba

хижа

stan

жилище

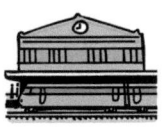

železnička stanica

гара

većnica

кметство

muzej

музей

škola

училище

univerzitet

университет

banka

банка

bolnica

болница

hotel

хотел

apoteka

аптека

kancelarija

офис

knjižara

книжарница

prodavnica

магазин за цветя

cvećara

магазин за цветя

supermarket

супермаркет

trg

пазар

robna kuća

универсален магазин

ribarnica

търговец на риба

trgovački centar

търговски център

luka

пристанище

park

парк

klupa

пейка

most

мост

stepenice

стълба

podzemna železnica

метро

tunel

тунел

autobuska stanica

автобусна спирка

bar

бар

restoran

ресторант

poštansko sanduče

пощенска кутия

ulični znak

улична табелка

parkirni automat

часовник за паркинг
престой

zoološki vrt

зоологическа градина

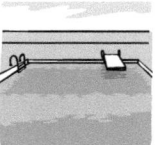

bazen

плувен басейн

džamija

джамия

seosko gazdinstvo

селски двор

zagađenje okoline

замърсяване на околната
среда

groblje

гробище

crkva

църква

igralište

детска площадка

hram

храм

# pejsaž
# пейзаж

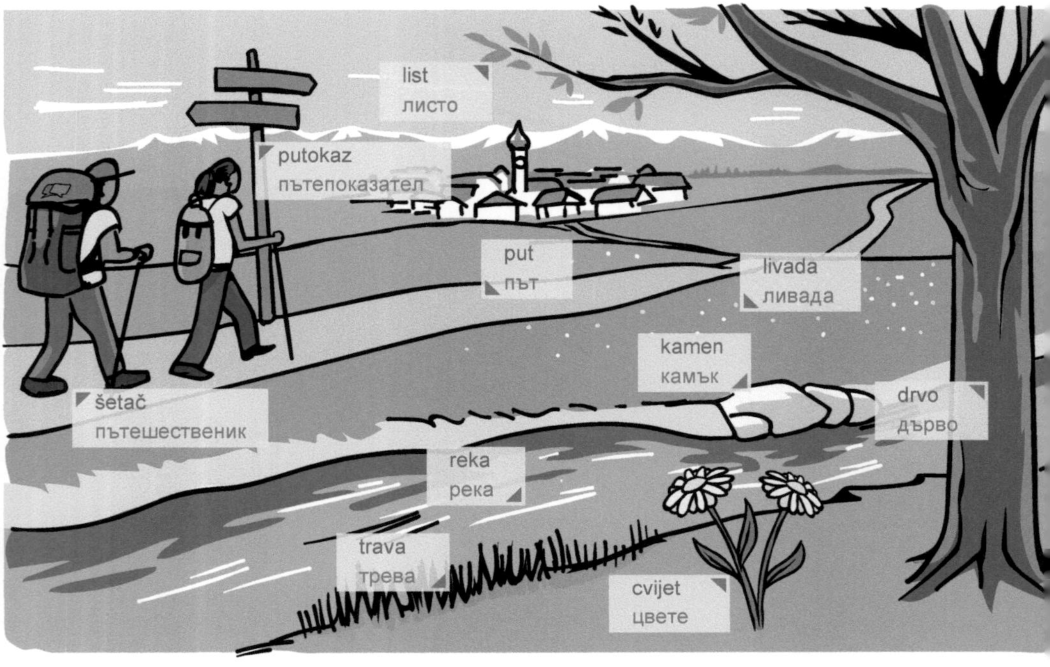

list
листо

putokaz
пътепоказател

put
път

livada
ливада

kamen
камък

drvo
дърво

šetač
пътешественик

reka
река

trava
трева

cvijet
цвете

dolina

долина

planina

планина

jezero

море

šuma

гора

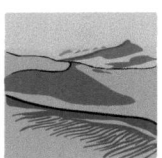

pustinja

пустиня

vulkan

вулкан

dvorac

замък

duga

дъга

gljiva

гъба

palma

палма

moskito

комар

muva

муха

mrav

мравка

pčela

пчела

pauk

паяк

buba

бръмбар

žaba

жаба

veverica

катеричка

jež

таралеж

zec

заек

sova

кукумявка

ptica

птица

labud

лебед

divlja svinja

диво прасе

jelen

елен

los

лос

nasip

бент

vetrenjača

вятърна турбина

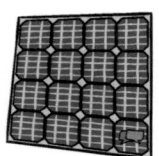

solarna ploča

соларен модул

klima

климат

# restoran
## ресторант

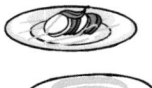

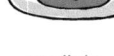

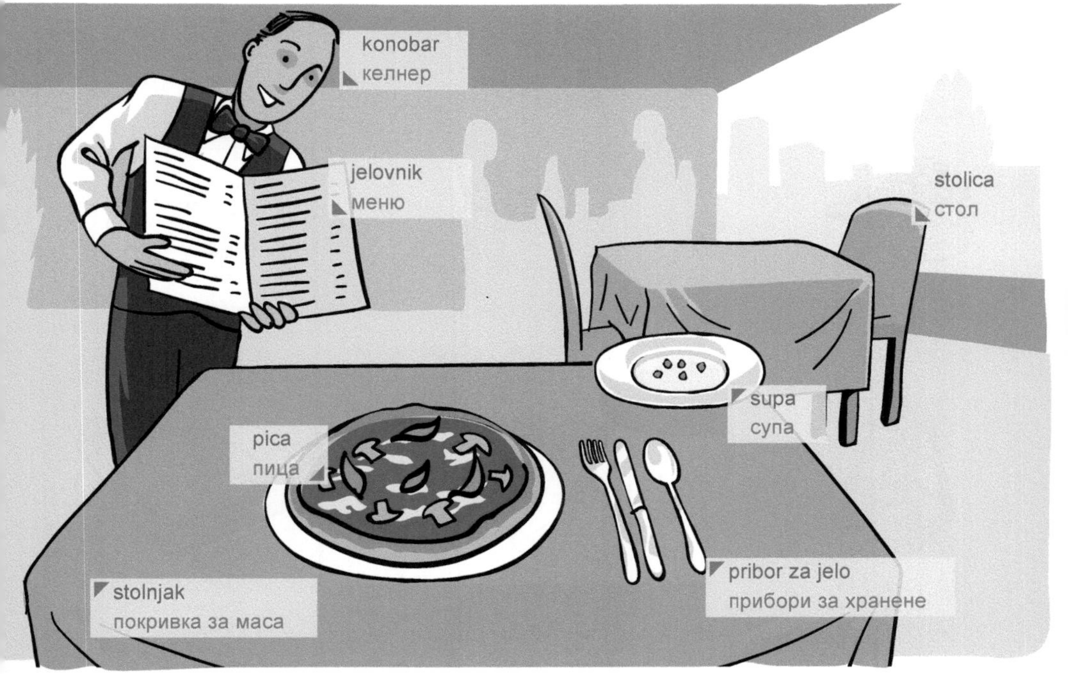

konobar
келнер
jelovnik
меню
stolica
стол
supa
супа
pica
пица
stolnjak
покривка за маса
pribor za jelo
прибори за хранене


predjelo

предястие

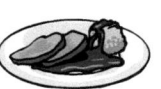

glavno jelo

основно ястие

desert

десерт

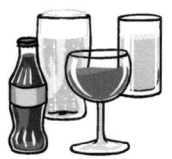

napitci

напитки

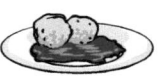

jelo

ядене

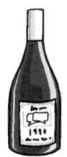

flaša

бутилка

brza hrana

бързо хранене

imbis hrana

улична храна

čajnik

кана за чай

doza za šećer

кутия за захар

porcija

порция

aparat za espresso

еспресо машина

visoka stolica

висок детски стол

račun

сметка

poslužavnik

табла

nož

ножица за нокти

viljuška

вилица

kašika

лъжица

čajna kašika

чаена лъжичка

salveta

салфетка

čaša

стъклена чаша

tanjir

чиния

tanjir za supu

чиния за супа

tanjirić

чинийка

sos

сос

soljenka

солница

mlin za biber

мелничка за черен пипер

sirće

оцет

ulje

олио

začini

подправки

kečap

кетчуп

senf

горчица

majoneza

майонеза

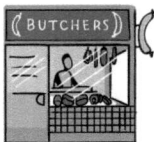

# supermarket
# супермаркет

ponuda
оферта
FOR
kupac
клиент
mlečni proizvodi
млечни продукти
voće
плодове
kolica za kupovinu
количка за покупки

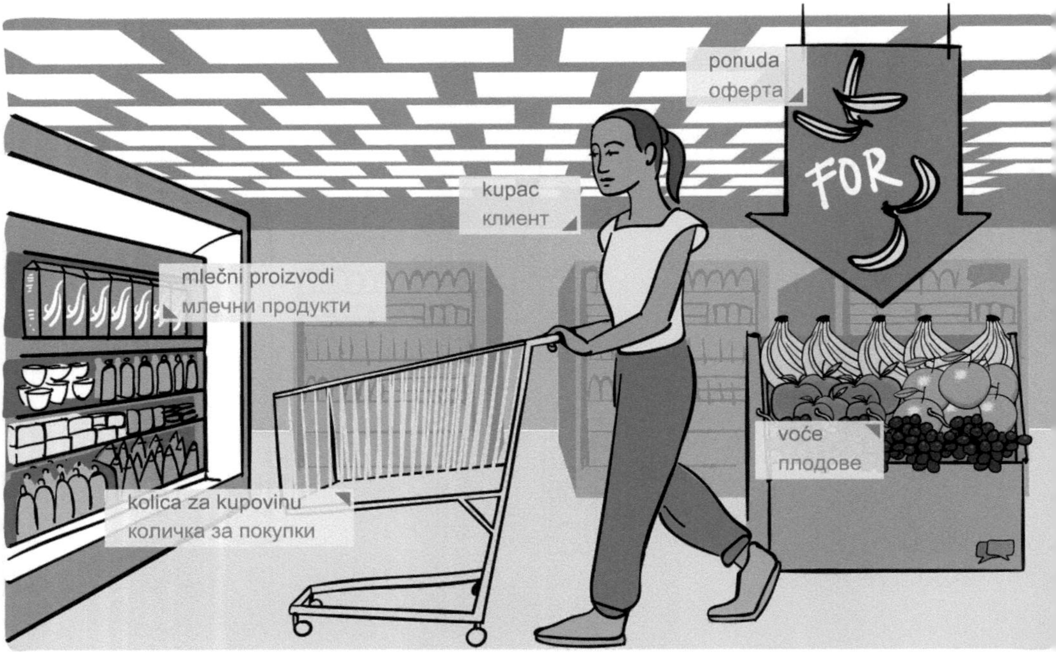

BUTCHERS

mesnica

кланица

BAKERY

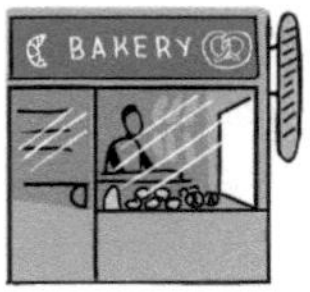

pekara

хлебарница

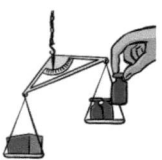

vagati

тегля

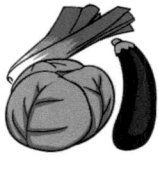

povrće

зеленчуци

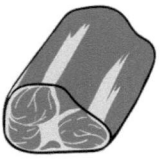

meso

месо

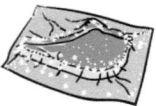

smrznuta hrana

дълбоко замразена храна

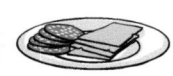

**narezak**

нарязан колбас или
сирене

**konzerve**

консерви

**sredstvo za pranje**

перилен препарат

**slatkiši**

лакомства

**artikli za domaćinstvo**

домакински изделия

**sredstva za čišćenje**

почистващи препарати

**prodavačica**

продавачка

**blagajna**

каса

**blagajnik**

касиер

**lista za kupovinu**

списък на покупките

**vreme rada**

работно време

**novčanik**

портфейл

**kreditna kartica**

кредитна карта

**torba**

чанта

**plastična kesa**

пластмасова торба

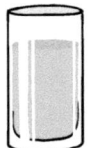

voda

вода

sok

сок

mleko

мляко

kola

кола

vino

вино

pivo

бира

alkohol

алкохол

kakao

какао

čaj

чай

kava

кафе машина

espresso

еспресо

cappuccino

капучино

banana

банан

jabuka

ябълка

narandža

портокал

lubenica

пъпеш

limun

лимон

šargarepa

морков

beli luk

чесън

bambus

бамбук

luk

лук

gljiva

гъба

orašasti plodovi

ядки

rezanci

макарони

špagete

спагети

riža

ориз

salata

салата

pomfrit

пържени картофи

pečeni krumpir

печени картофи

pica

пица

hamburger

хамбургер

sendvič

сандвич

šnicla

шницел

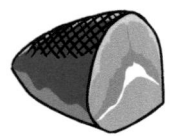

šunka

шунка

salama

траен колбас

kobasica

салам

kokoš

пиле

pečenje

печено

riba

риба

**zobene pahuljice**

овесени ядки

**musli**

мюсли

**kukuruzne pahuljice**

корнфлейкс

**brašno**

брашно

**kroasan**

кроасан

**pecivo**

хлебчета

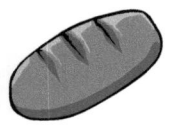

**hleb**

хляб

**toast**

препечена филийка

**keksi**

бисквити

**maslac**

масло

**sveži sir**

извара

**kolač**

сладкиш

**jaje**

яйце

**jaje na oko**

яйца на очи

**sir**

сирене

sladoled

сладолед

šećer

захар

med

мед

marmelada

мармалад

nugat krema

нуга крем

kari

къри

jelo - ядене

# seosko gazdinstvo
# селски двор

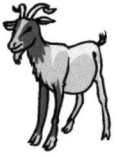

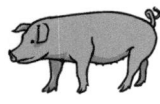

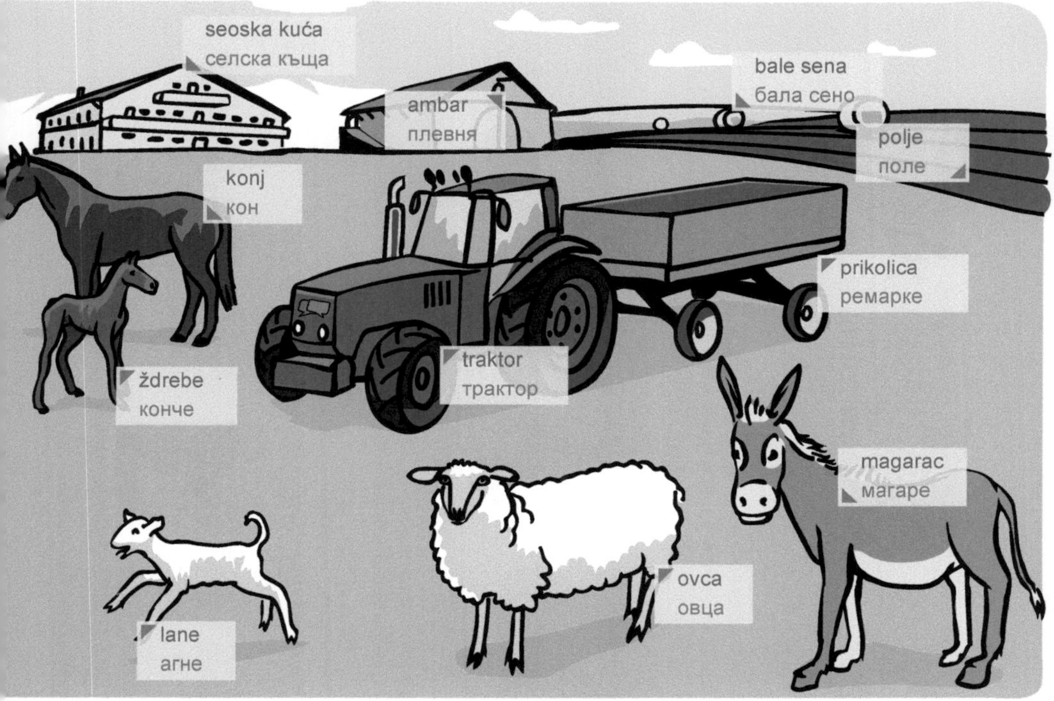
seoska kuća
селска къща
ambar
плевня
bale sena
бала сено
polje
поле
konj
кон
prikolica
ремарке
traktor
трактор
ždrebe
конче
magarac
магаре
ovca
овца
lane
агне

koza
........................
коза

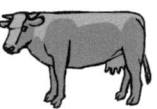

krava
........................
крава

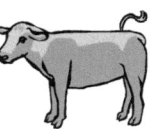

tele
........................
теле

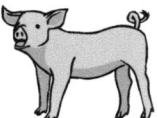

svinja
........................
свиня

prase
........................
прасенце

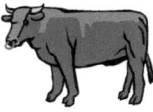

bik
........................
бик

guska

гъска

patka

патица

pilići

пиленце

kokoš

кокошка

petao

петел

pacov

плъх

mačka

котка

miš

мишка

vol

вол

pas

куче

kućica za psa

кучешка колиба

vrtno crevo

градински маркуч

kanta za polivanje

лейка

kosa

коса

plug

плуг

srp

сърп

motika

мотика

viljuška za đubrivo

вила за тор

sekira

брадва

tačke

ръчна количка

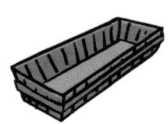

korito

корито

posuda za mleko

съд за мляко

vreća

чувал

ograda

ограда

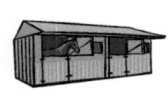

štala

обор

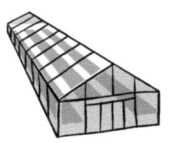

staklenik

парник

zemlja

земя

seme

сеитба

đubrivo

тор

kombajn

комбайн

žeti

жъна

žetva

реколта

jams začin

ямс

pšenica

жито

soja

соя

krumpir

картоф

kukuruz

царевица

uljana repica

рапица

voćka

овощно дърво

gomolj manioke

маниока

žitarice

зърнени храни

# kuća

# къща

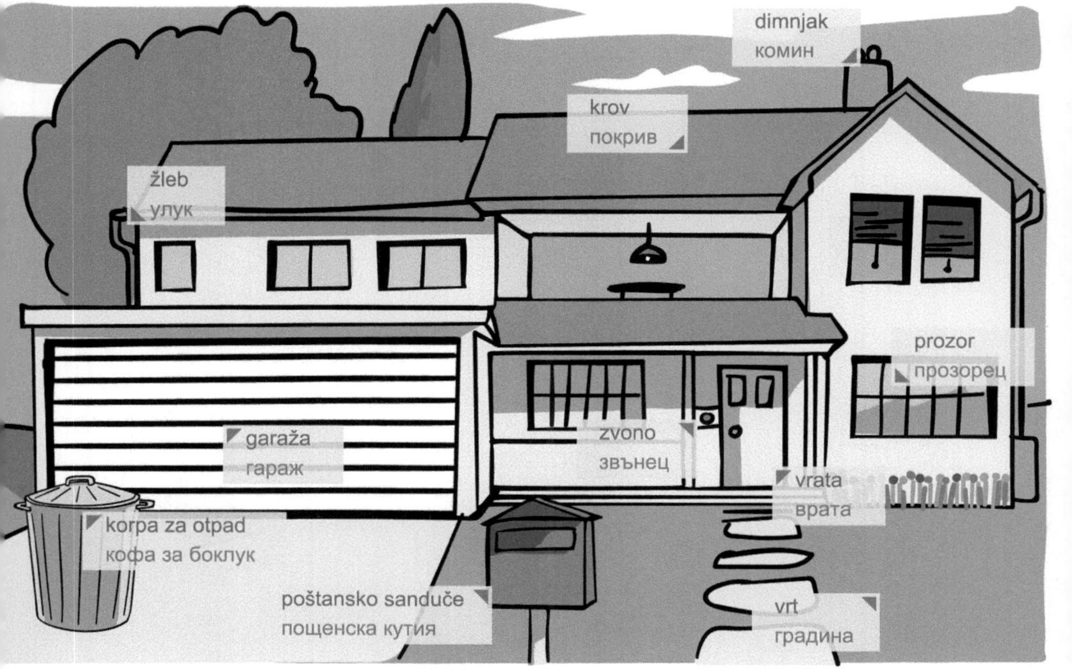
dimnjak
комин
krov
покрив
žleb
улук
prozor
прозорец
garaža
гараж
zvono
звънец
vrata
врата
korpa za otpad
кофа за боклук
poštansko sanduče
пощенска кутия
vrt
градина

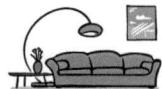

dnevna soba

всекидневна

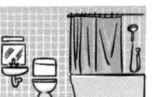

kupaonica

баня

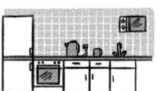

kuhinja

кухня

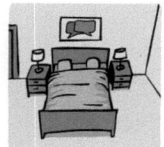

spavaća soba

спалня

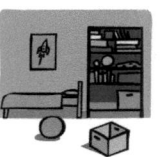

dečija soba

детска стая

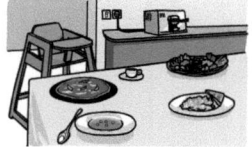

trpezarija

трапезария

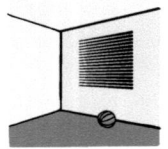

pod

под

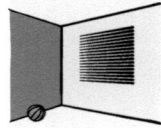

zid

стена

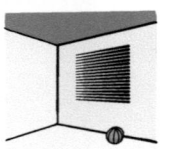

strop

таван

podrum

изба

sauna

сауна

balkon

балкон

terasa

тераса

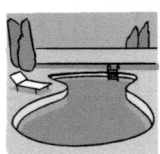

bazen

плувен басейн

kosilica za travu

косачка

posteljina za krevet

спално бельо

deka za krevet

покривка за легло

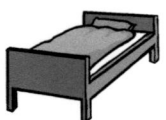

krevet

легло

metla

метла

kanta

кофа

prekidač

електрически ключ

kuća - къща

# dnevna soba
## всекидневна

tapeta
тапет
slika
картина
svetiljka
лампа
regal
рафт
ormar
шкаф
televizija
телевизор
kamin
камина
cvijet
цвете
jastuk
възглавница
kauč
канапе
vaza
ваза
daljinski upravljač
дистанционно управление

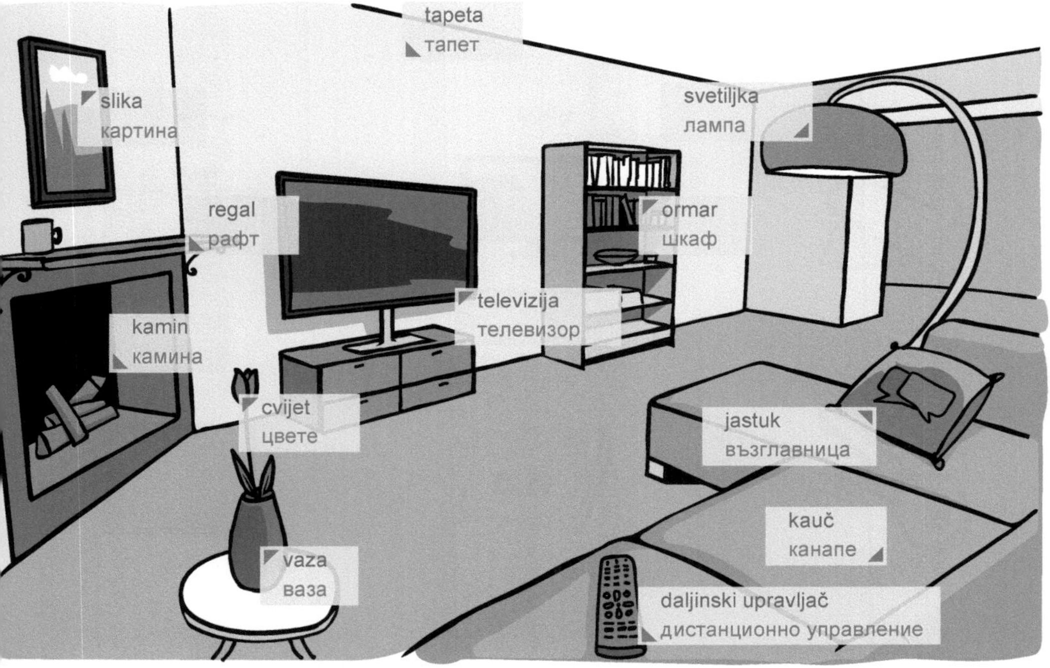

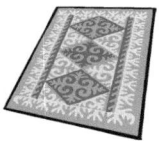

tepih

килим

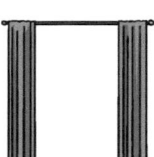

zavesa

завеса

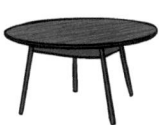

sto

маса

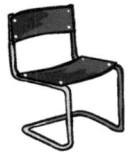

stolica

стол

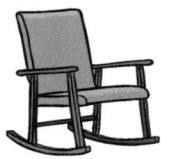

stolica za njihanje

люлеещ се стол

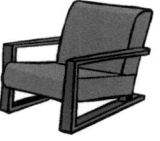

fotelja

кресло

knjiga

книга

deka

одеяло

dekoracija

декорация

drvo za ogrev

дърва за отопление

film

филм

hi-fi uređaj

стерео уредба

ključ

ключ

novine

вестник

slika na platnu

живопис

poster

постер

radio

радио

blok za pisanje

бележник

usisivač

прахосмукачка

kaktus

кактус

sveća

свещ

# kuhinja
## кухня

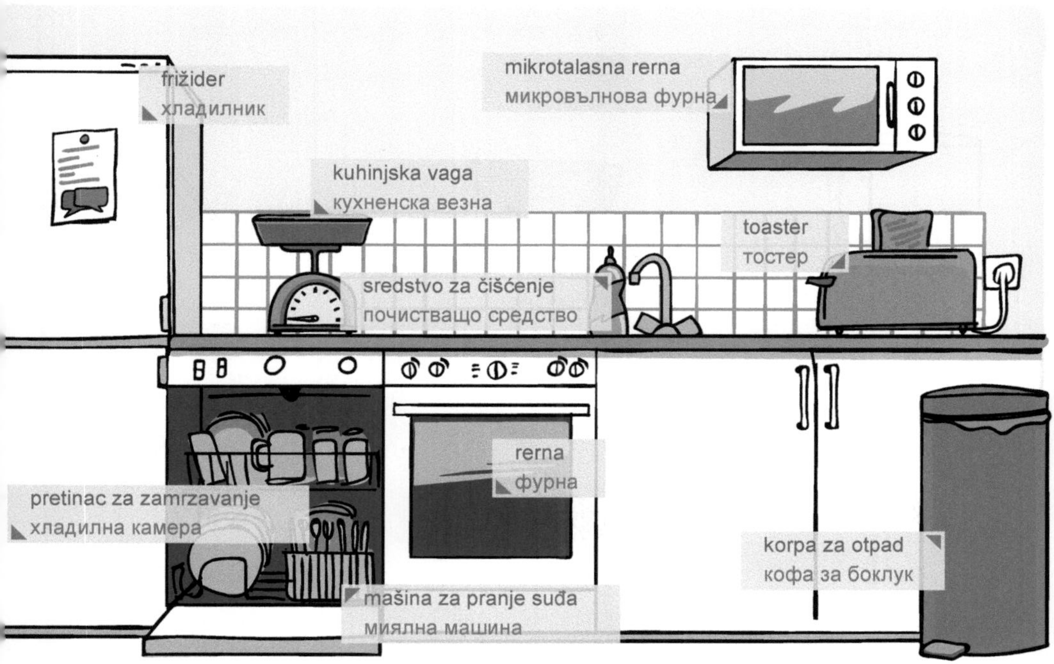

frižider
хладилник
mikrotalasna rerna
микровълнова фурна
kuhinjska vaga
кухненска везна
toaster
тостер
sredstvo za čišćenje
почистващо средство
rerna
фурна
pretinac za zamrzavanje
хладилна камера
korpa za otpad
кофа за боклук
mašina za pranje suđa
миялна машина


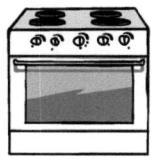

šporet

готварска печка

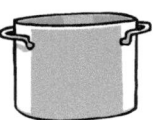

lonac

тенджера

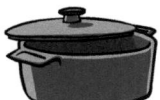

gvozdeni lonac

желязна тенджера

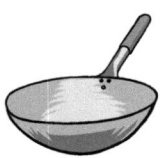

wok / kadai

уок / кадаи

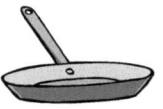

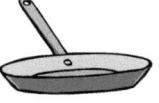

tava

тиган

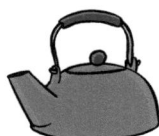

kuvalo za vodu

кана за затопляне на вода

**kuvalo na paru**

уред за готвене на пара

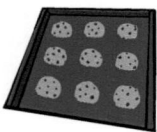

**lim za pečenje**

тава за печене

**posuđe**

съдове

**čaša**

чаша

**posuda**

купа

**štapići za jelo**

клечки за хранене

**kutlača**

черпак

**lopatica**

лопатка за тиган

**penjača**

тел за разбиване (на яйца, белтъци)

**sito za kuvanje**

кошница за варене

**sito**

гевгир

**ribež**

ренде

**mužar**

хаван

**roštilj**

барбекю

**ognjište**

огнище

**daska**

дъска

**oklagija**

точилка

**vadičep**

тирбушон

**konzerva**

кутия

**otvarač konzervi**

отварачка за консерви

**krpa za lonac**

кухненска ръкохватка

**sudoper**

мивка

**četka**

четка

**sunđer**

гъба

**mikser**

миксер

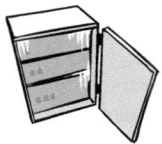

**zamrzivač**

фризер

**flašica za bebe**

бебешко шише

**slavina za vodu**

воден кран

# kupaonica

## баня

grejanje
отопление
peškir
хавлиена кърпа
tuš
душ
zavesa za tuš
завеса за баня
penušava kupka
шампоан за вана
kada
вана
čaša
стъклена чаша
mašina za pranje veša
перална машина
slavina za vodu
воден кран
pločice
плочки
tuta
гърне
sudoper
мивка


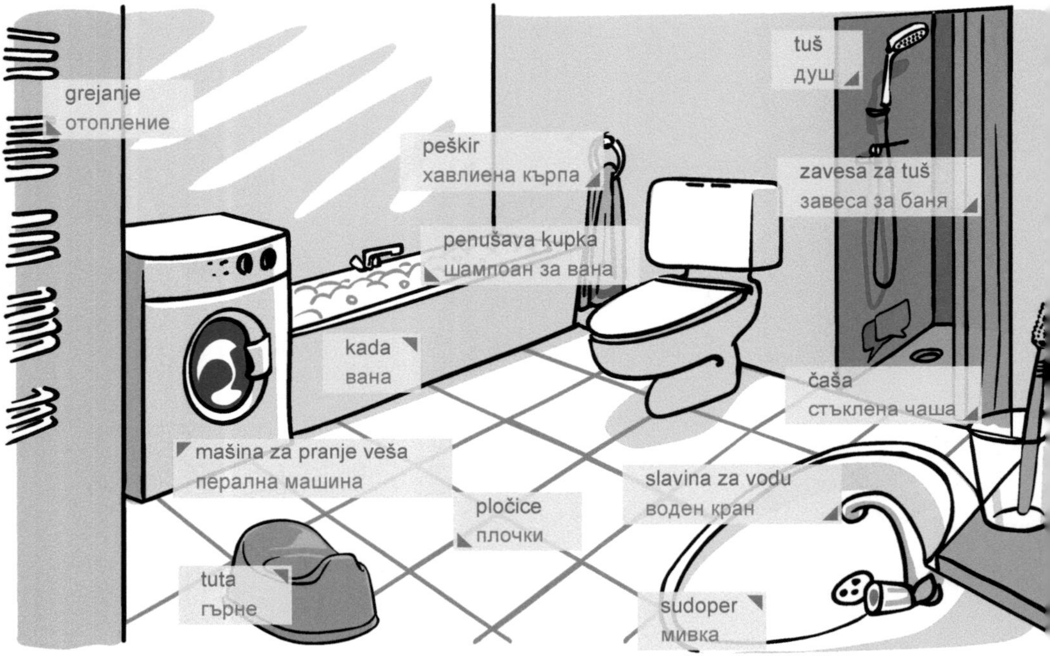

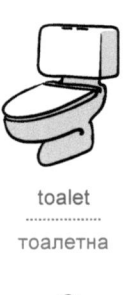

toalet

тоалетна

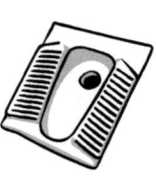

čučavac

клекало

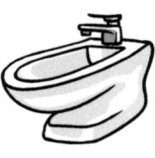

bidet

биде

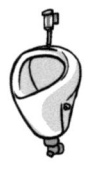

pisoar

писоар

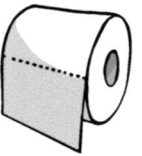

toaletni papir

тоалетна хартия

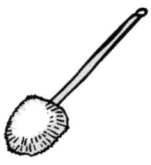

četka za toalet

четка за тоалетна

**četkica za zube**

четка за зъби

**pasta za zube**

паста за зъби

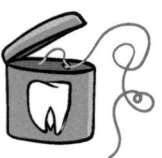

**konac za zube**

конец за зъби

**prati**

мия

**tuš ručica**

ръчен душ

**tuš za pranje intimnih delova**

интимен душ

**lavor**

леген

**četka za pranje leđa**

четка за гръб

**sapun**

сапун

**gel za tuširanje**

душ гел

**šampon**

шампоан за вана

**krpa za pranje**

гъба за баня

**odvod**

сифон

**krema**

крем

**dezodorans**

дезодорант

ogledalo

огледало

kozmetičko ogledalo

козметично огледало

brijač

ръчна самобръсначка

pena za brijanje

пяна за бръснене

losion za posle brijanja

одеколон за след
бръснене

češalj

гребен

četka

четка

fen za kosu

сешоар

sprej za kosu

спрей за коса

makeup

грим

ruž za usne

червило

lak za nokte

лак за нокти

vata

памук

makaze za nokte

ножица за нокти

parfem

парфюм

kozmetička torbica

тоалетна чантичка

stolica

табуретка

vaga

везна

ogrtač

хавлия

rukavice za čišćenje

домакински ръкавици

tampon

тампон

uložak

дамски превръзки

hemijski toalet

химическа тоалетна

# dečija soba
## детска стая

budilnik
будилник
plišana igračka
плюшена играчка
auto igračka
автомобил играчка
zvečka
дрънкалка
kućica za lutke
къща за кукли
poklon
подарък


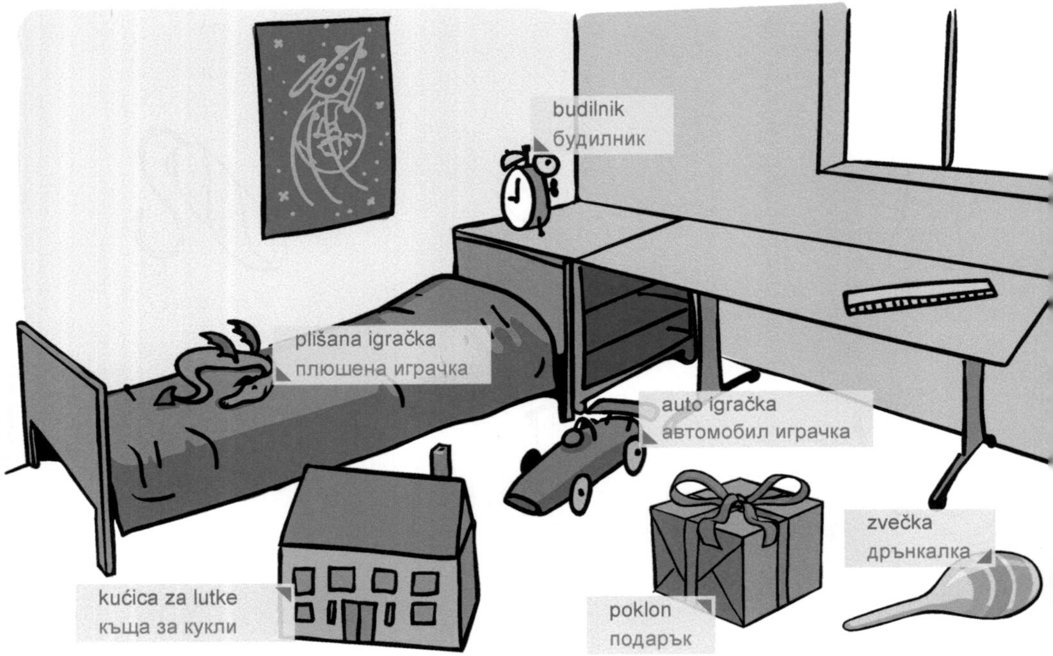

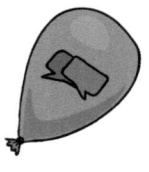

balon
балон

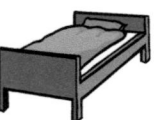

krevet
легло

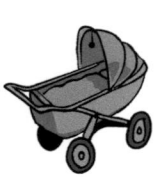

dječija kolica
детска количка

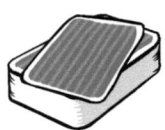

igra s kartama
игра на карти

slagalica
пъзел

SUPER MEGA


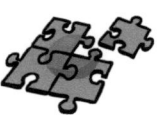

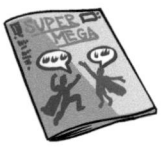

strip
комикс

lego kockice

лего елементи

kockice za slaganje

строителни елементи

akcioni junak

екшън фигурка

benkica za bebe

бебешки гащеризон

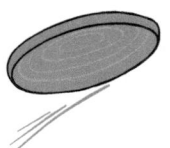

frizbi

фрисби

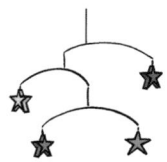

viseće igračke

бебешки играчки за легло

društvene igre

настолна игра

kocka

зарче

minijaturna željeznica

миниатюрно влакче

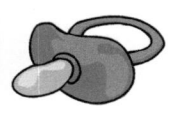

duda

биберон

zabava

парти

slikovnica

детска книга с илюстрации

lopta

топка

lutka

кукла

igrati

играя

pješčanik

пясъчник

ljuljačka

люлка

igračka

играчка

konzola za igre

игрова конзола

tricikl

велосипед с три колелета

tedi

плюшено мече

ormar

гардероб

## odeća

## облекло

kratke čarape

къси чорапи

čarape

дълги чорапи

hulahopke

чорапогащник

šal
шал

kišobran
чадър

kaiš
колан

majica
Т-шърт

čizme
ботуши

papuče
пантофи

patike
гуменки

sandale
сандали

cipele
обувки

gumene čizme
гумени ботуши

gaćice
слип

grudnjak
сутиен

potkošulja
долна блуза

**bodi**

боди

**pantalone**

панталон

**farmerke**

дънки

**suknja**

пола

**bluza**

блуза

**košulja**

риза

**džemper**

пуловер

**džemper s kapuljačom**

суичър

**sako**

блейзър

**jakna**

яке

**kaput**

палто

**kabanica**

дъждобран

**kostim**

костюм

**haljina**

рокля

**venčanica**

булчинска рокля

odeća - облекло

odelo

костюм

spavaćica

нощница

pidžama

пижама

sari

сари

marama za glavu

кърпа за глава

turban

тюрбан

burka

бурка

kaftan

кафтан

abaja

абая

kupaći kostim

бански костюм

kupaće gaćice

плувни шорти

kratke pantalone

къс панталон

odeća za trening

анцуг

kecelja

престилка

rukavice

ръкавици

**dugme**

копче

**naočare**

очила

**narukvica**

гривна

**ogrlica**

верижка

**prsten**

пръстен

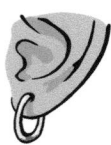

**naušnica**

обеца

**kapa**

каскет

**vešalica**

закачалка

**šešir**

шапка

**kravata**

вратовръзка

**patent zatvarač**

цип

**kaciga**

каска

**naramenice**

тиранти

**školska uniforma**

ученическа униформа

**uniforma**

униформа

podbradak

лигавник

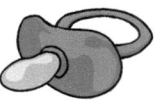

duda

биберон

pelena

пелена

# kancelarija
## офис

papir
хартия

ormar za spise
шкаф за документи

štampač
принтер

server
сървър

monitor
монитор

pisaći stol
бюро

miš
мишка

mapa
папка

tastatura
клавиатура

stolica
стол

košara za papir
кошче за хартиени отпадъци

kompjuter
компютър

šalica za kavu

чаша за кафе

kalkulator

джобен калкулатор

internet

интернет

laptop

лаптоп

pismo

писмо

poruka

съобщение

mobilni telefon

мобилен телефон

mreža

мрежа

uređaj za kopiranje

ксерокс

softver

софтуер

telefon

телефон

utičnica

контакт

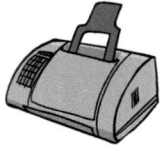

faks

факс

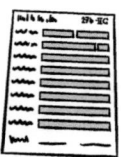

formular

формуляр

dokument

документ

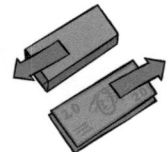

kupovati

купувам

platiti

плащам

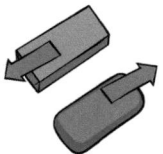

trgovati

търгувам

novac

пари

dolar

долар

evro

евро

jen

йена

rublja

рубла

švajcarski franak

швейцарски франк

renmindbi juan

ренминби юан

rupija

рупия

automat za novac

банкомат

menjačnica

обменно бюро

zlato

злато

srebro

сребро

nafta

нефт

energija

енергия

cena

цена

ugovor

договор

porez

данък

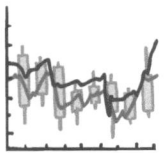

deonica

акция

raditi

работя

službenik

служител

poslodavac

работодател

fabrika

фабрика

prodavnica

магазин за цветя

policajac
полицай

vatrogasac
пожарникар

kuvar
готвач

lekar
лекар

pilot
пилот

vrtlar

градинар

stolar

мебелист

krojačica

шивачка

sudija

съдия

hemičar

химик

glumac

артист

**vozač autobusa**

шофьор на автобус

**vozač taksija**

шофьор на такси

**ribar**

рибар

**čistačica**

чистачка

**krovopokrivač**

майстор на покриви

**konobar**

келнер

**lovac**

ловец

**slikar**

художник

**pekar**

хлебар

**električar**

електротехник

**građevinski radnik**

строителен работник

**inženjer**

инженер

**mesar**

касапин

**limar**

тенекеджия

**poštar**

пощальон

vojnik

войник

arhitekta

архитект

blagajnik

касиер

cvećar

цветар

frizer

фризьор

kondukter

кондуктор

mehaničar

механик

kapetan

капитан

zubar

зъболекар

naučnik

научен работник

rabi

равин

imam

имàм

monah

монах

svećenik

свещеник

# alati

# инструменти

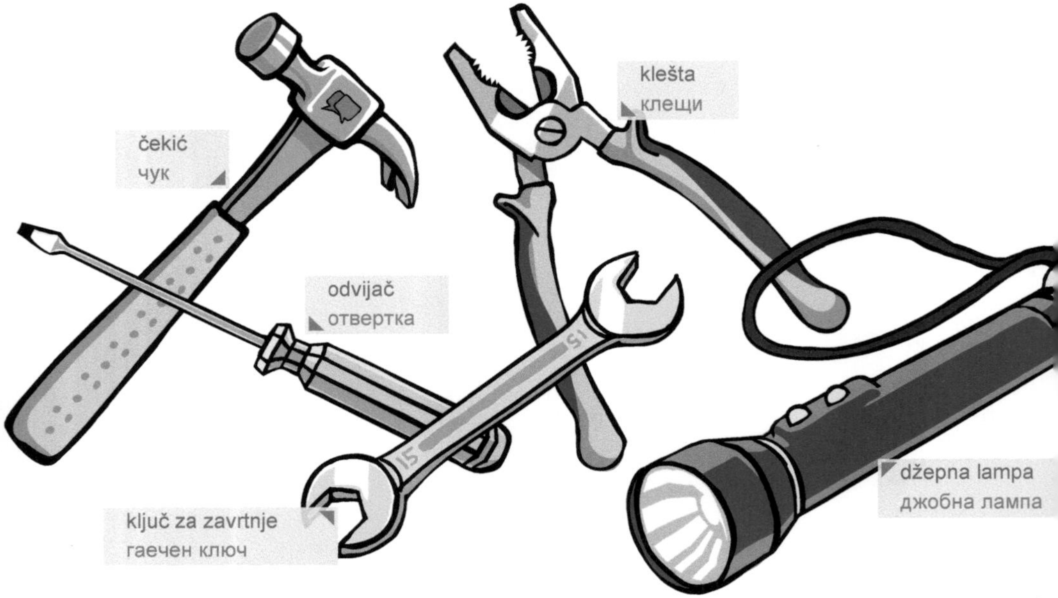

čekić
чук
klešta
клещи
odvijač
отвертка
ključ za zavrtnje
гаечен ключ
džepna lampa
джобна лампа


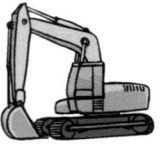

bager

багер

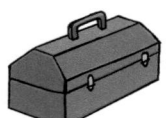

kutija za alat

кутия за инструменти

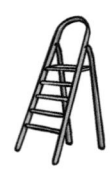

merdevine

стълба

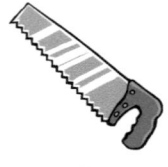

pila

трион

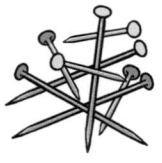

ekser

пирони

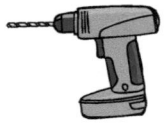

bušilica

бормашина

popraviti

ремонтирам

lopata

лопата

do đavola!

По дяволите!

lopatica

лопатка за смет

lonac za boju

кутия за боя

zavrtanji

болтове

## muzički instrument
## музикални инструменти

zvučnik
високоговорител

bubnjevi
ударни инструменти

kontrabas
контрабас

truba
тромпет

gitara
китара

klavir

пиано

violina

виолина

bas

контрабас

timpani

тимпан

udaraljke za bubnjeve

барабан

tipke klavira

електрическо пиано

saksofon

саксофон

flauta

флейта

mikrofon

микрофон

# zoološki vrt

# зоологическа градина

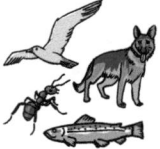

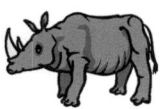

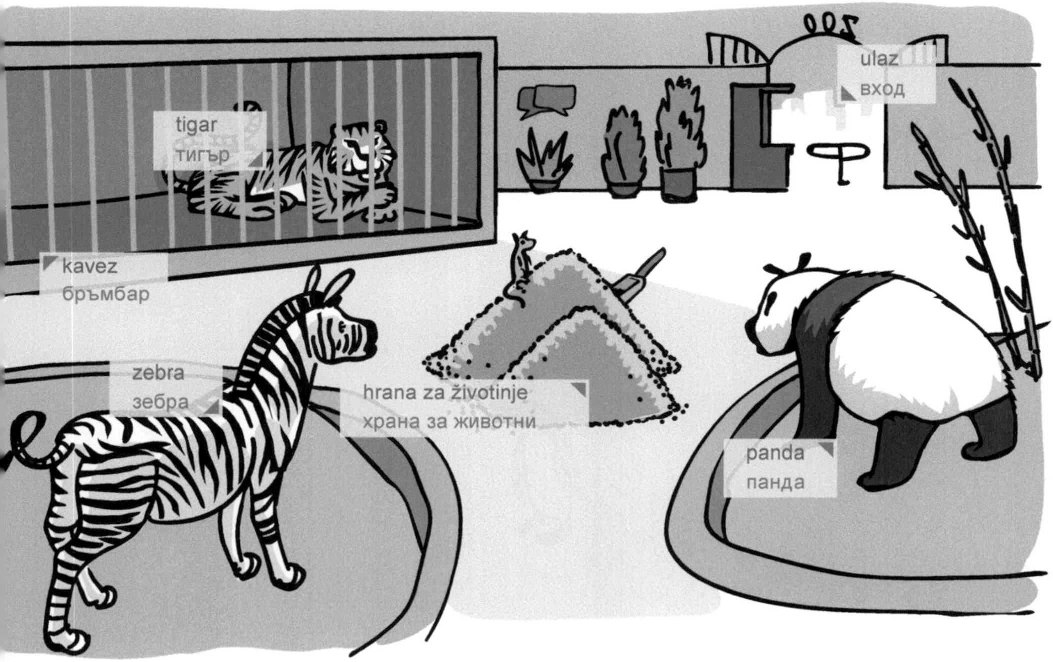

tigar
тигър
ulaz
вход
kavez
бръмбар
zebra
зебра
hrana za životinje
храна за животни
panda
панда


životinje

животни

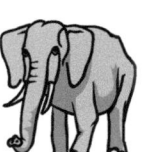

slon

слон

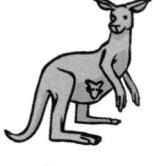

kengur

кенгуру

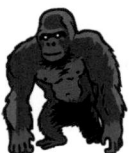

nosorog

носорог

gorila

горила

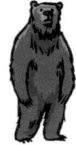

medved

мечка

kamila

камила

noj

щраус

lav

лъв

majmun

маймуна

flamingo

фламинго

papagaj

папагал

polarni medved

бяла мечка

pingvin

пингвин

ajkula

акула

paun

паун

zmija

змия

krokodil

крокодил

čuvar u zoološkom vrtu

пазач в зоологическа
градина

tuljan

тюлен

jaguar

ягуар

poni

пони

leopard

леопард

nilski konj

хипопотам

žirafa

жираф

orao

орел

divlja svinja

диво прасе

riba

риба

kornjača

костенурка

morž

морж

lisica

лисица

gazela

газела

american nogomet
американски футбол

biciklizam
колоездене

tenis
тенис

košarka
баскетбол

plivanje
плуване

boks
бокс

hokej na ledu
хокей на лед

fudbal

футбол

badminton

бадминтон

atletika

лека атлетика

rukomet

хандбал

skijanje

ски бягане

polo

поло

skočiti
скачам

smejati se
смея се

zagrliti
прегръщам

pevati
пея

ići
вървя

moliti se
моля се

poljubiti
целувам

sanjati
сънувам

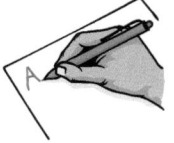

pisati

пиша

crtati

рисувам

pokazati

показвам

gurati

бутам

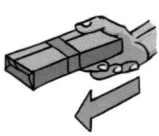

dati

давам

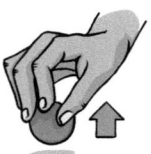

uzeti

взимам

imati

имам

činiti

правя

biti

съм

stojati

стоя

trčati

тичам

povlačiti

дърпам

baciti

хвърлям

padati

падам

ležati

лежа

čekati

чакам

nositi

нося

sediti

седя

oblačiti

обличам

spavati

спя

probuditi se

събуждам се

gledati

разглеждам

plakati

плача

milovati

милвам

češljati

реша се

govoriti

говоря

razumeti

разбирам

pitati

питам

slušati

слушам

piti

пия

jesti

ям

pospremiti

разтребвам

voleti

обичам

kuhati

готвя

voziti

карам автомобил

leteti

летя

aktivnosti - дейности

ploviti

плавам (с платна)

računati

смятане

čitati

чета

učiti

уча

raditi

работя

venčati se

женя се

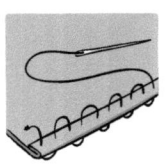

šiti

шия

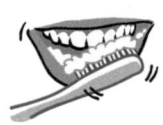

prati zube

измивам си зъбите

ubiti

убивам

pušiti

пуша

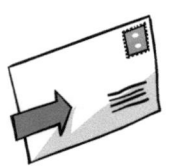

poslati

изпращам

# porodica
# семейство

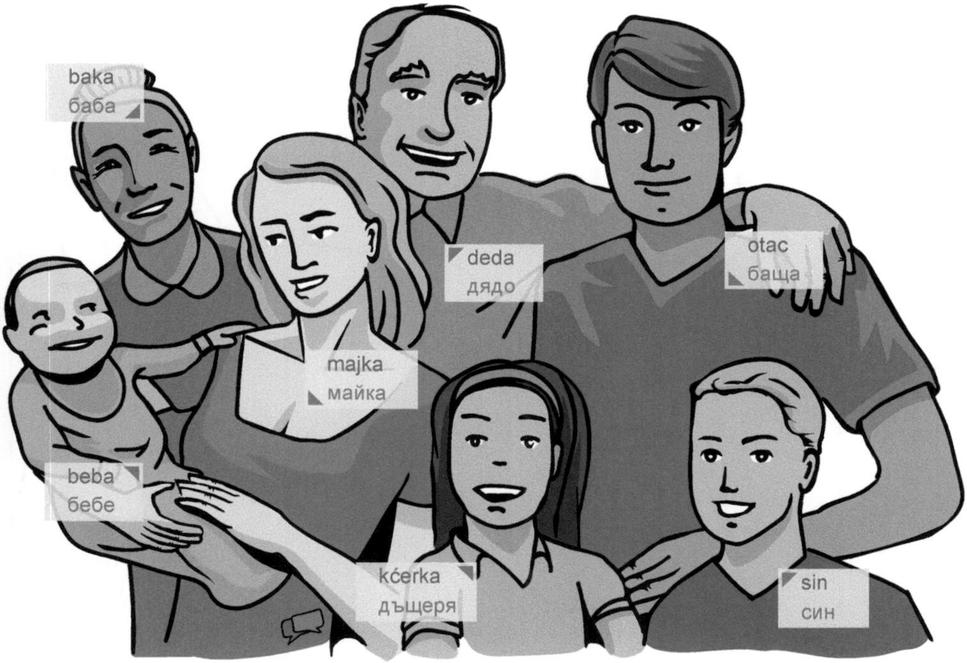
baka
баба
deda
дядо
otac
баща
majka
майка
beba
бебе
kćerka
дъщеря
sin
син

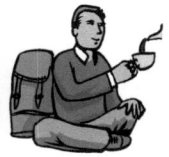

gost

посетител

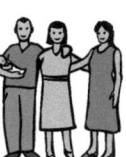

tetka

леля

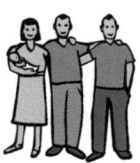

ujak, stric

чичо

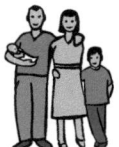

brat

брат

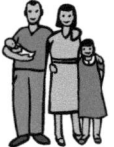

sestra

сестра

# telo

## тяло

čelo
чело
oko
око
rame
рамо
prst
пръст
lice
лице
brada
брадичка
ruka
ръка
grudi
гърди
noga
крак
ruka
ръка


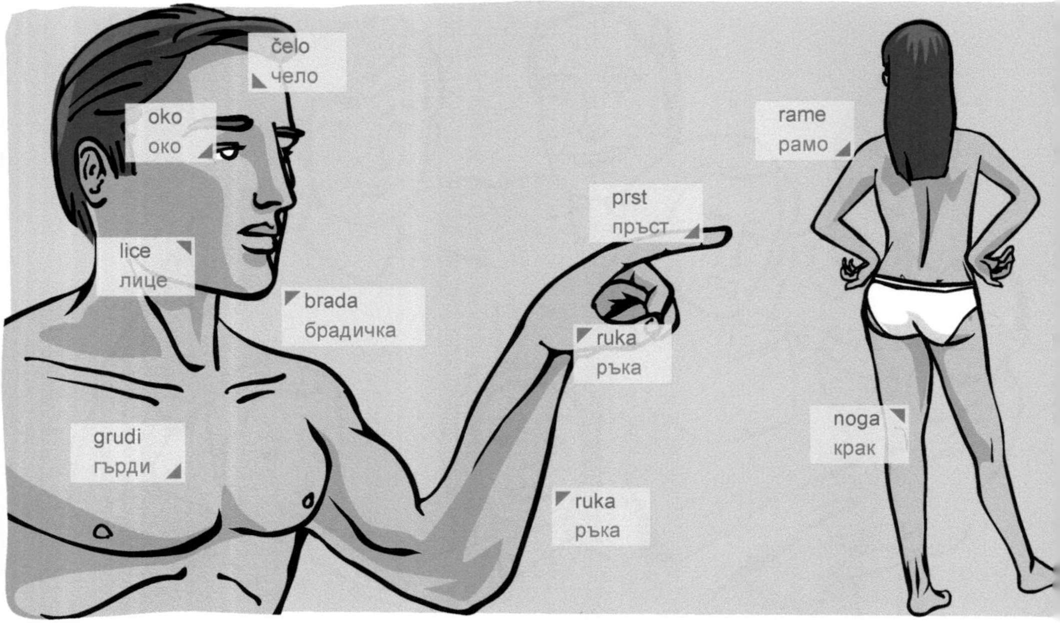

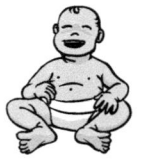

beba
бебе

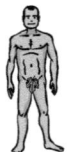

muškarac
мъж

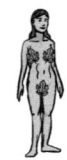

žena
жена

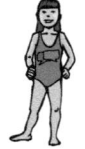

devojčica
момиче

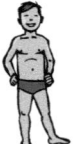

dečak
момче

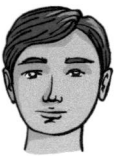

glava
глава

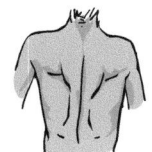

**leđa**

гръб

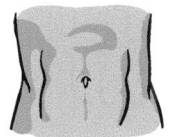

**stomak**

корем

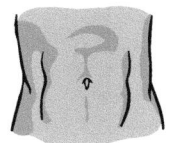

**pupak**

пъп

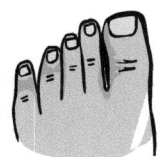

**nožni prst**

пръст на крака

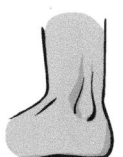

**peta**

пета

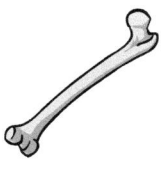

**kost**

кост

**kukovi**

хълбок

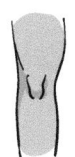

**koleno**

коляно

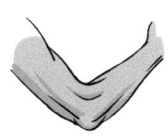

**lakat**

лакът

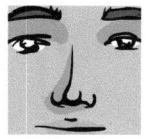

**nos**

нос

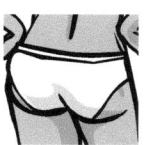

**zadnjica**

седалище

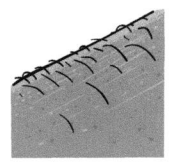

**koža**

кожа

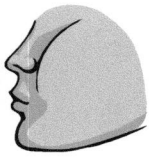

**obraz**

буза

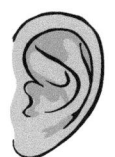

**uvo**

ухо

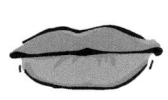

**usna**

устна

usta

уста

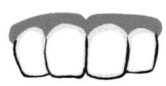

zub

зъб

jezik

език

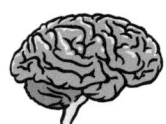

mozak

мозък

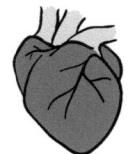

srce

сърце

mišić

мускул

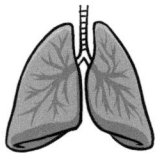

pluća

бял дроб

jetra

черен дроб

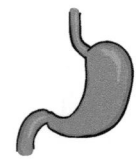

želudac

стомах

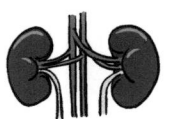

bubrezi

бъбреци

polni odnos

полово сношение

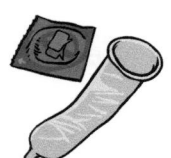

kondom

кондом

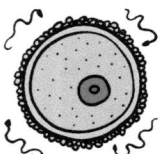

jajna ćelija

яйцеклетка

sperma

сперма

trudnoća

бременност

telo - тяло

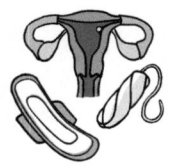

menstruacija
менструация

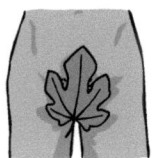

vagina
вагина

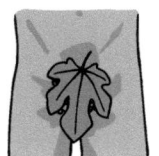

penis
пенис

obrva
вежда

kosa
коса

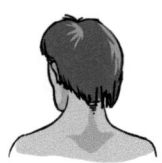

vrat
шия

# bolnica
# болница

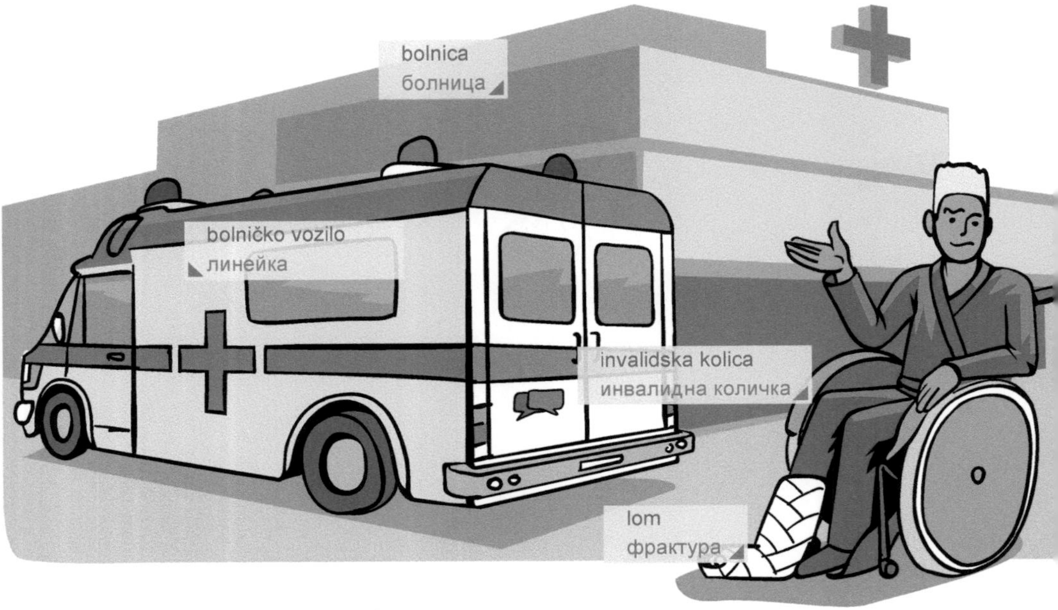

bolnica
болница
bolničko vozilo
линейка
invalidska kolica
инвалидна количка
lom
фрактура

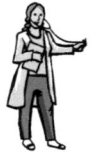

lekar

лекар

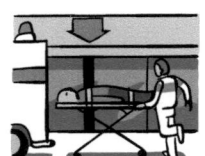

hitna medicinska služba

спешна хоспитализация

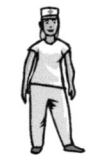

medicinska sestra

медицинска сестра

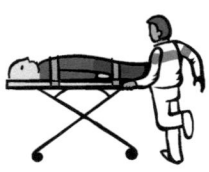

hitni slučaj

спешен случай

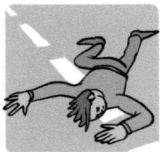

nesvest

в безсъзнание

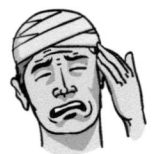

bol

болка

povreda

нараняване

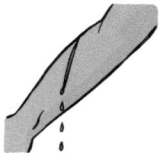

krvarenje

кървене

srčani udar

инфаркт

udar

инсулт

alergija

алергия

kašalj

кашлица

groznica

температура

gripa

грип

proliv

диария

glavobolja

главоболие

rak

рак

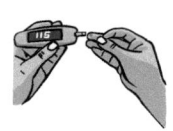

dijabetes

диабет

hirurg

хирург

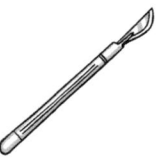

skalpel

скалпел

operacija

операция

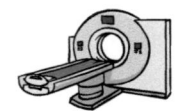

ct

компютърна томография

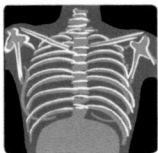

rentgen

рентген

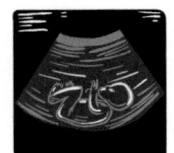

ultrazvuk

ултразвук

maska

маска

bolest

болест

čekaona

чакалня

štaka

патерица

flaster

пластир

zavoj

превръзка

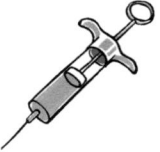

injekcija

инжекция

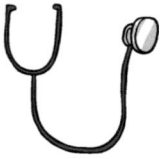

stetoskop

стетоскоп

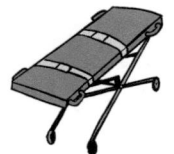

nosila

носилка

termometar

термометър

rođenje

раждане

prekomerna težina

наднормено тегло

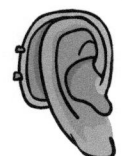

slušni aparat

слухов апарат

sredstvo za dezinfekciju

дезинфекционно средство

infekcija

инфекция

virus

вирус

HIV / AIDS

HIV / AIDS

medicina

медицина

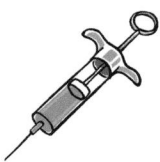

vakcinacija

ваксинация

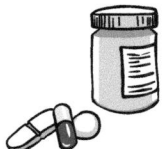

tablete

таблети

pilula

противозачатъчна
таблетка

hitni poziv

спешно телефонно
обаждане

uređaj za merenje pritiska

апарат за измерване на
кръвното налягане

bolesno / zdravo

болен / здрав

pomoć!

Помощ!

alarm

сигнал за тревога

nasrtaj

нападение

napad

атака

opasnost

опасност

izlaz u slučaju nužde

авариен изход

požar!

Пожар!

protivpožarni aparat

пожарогасител

nezgoda

злополука

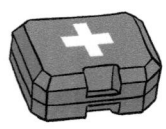

kutija prve pomoći

комплект за оказване на
първа помощ

sos

SOS

policija

полиция

Evropa

Европа

Severna Amerika

Северна Америка

Južna Amerika

Южна Америка

Afrika

Африка

Azija

Азия

Australija

Австралия

Atlantik

Атлантически океан

Pacifik

Тихи океан

Indijski okean

Индийски океан

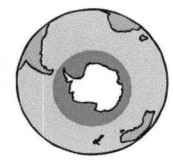

Antarktički okean

Южен ледовит океан

Arktički ocean

Северен ледовит океан

Severni pol

Северен полюс

Južni pol

Южен полюс

Antarktik

Антарктида

zemlja

Земя

zemlja

суша

more

море

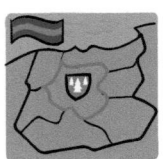

otok

остров

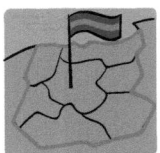

nacija

нация

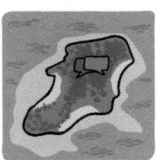

država

държава

brojčanik sata

циферблат

satna kazaljka

стрелка на часовете

minutna kazaljka

стрелка на минутите

sekundna kazaljka

стрелка на секундите

Koliko je sati?

Колко е часът?

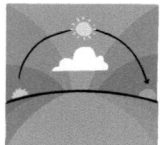

dan

ден

vreme

време

sada

сега

digitalni sat

дигитален часовник

minuta

минута

čas

час

ponedeljak
понеделник

**MO**

sreda
сряда

**W**

petak
петък

**FR**

**TU**

**TH**

**SA**

utorak
вторник

subota
събота

**SO**

četvrtak
четвъртък

nedelja
неделя

juče
............
вчера

danas
............
днес

sutra
............
утре

jutro
............
сутрин

podne
............
обед

veče
............
вечер

radni dani
............
работни дни

vikend
............
уикенд

# godina

# година

kiša
дъжд
duga
дъга
vetar
вятър
sneg
сняг
proleće
пролет
leto
лято
jesen
есен
zima
зима

4.APRIL 11°
5.APRIL 4°
6.APRIL 13°
7.APRIL 8°
8.APRIL 10°

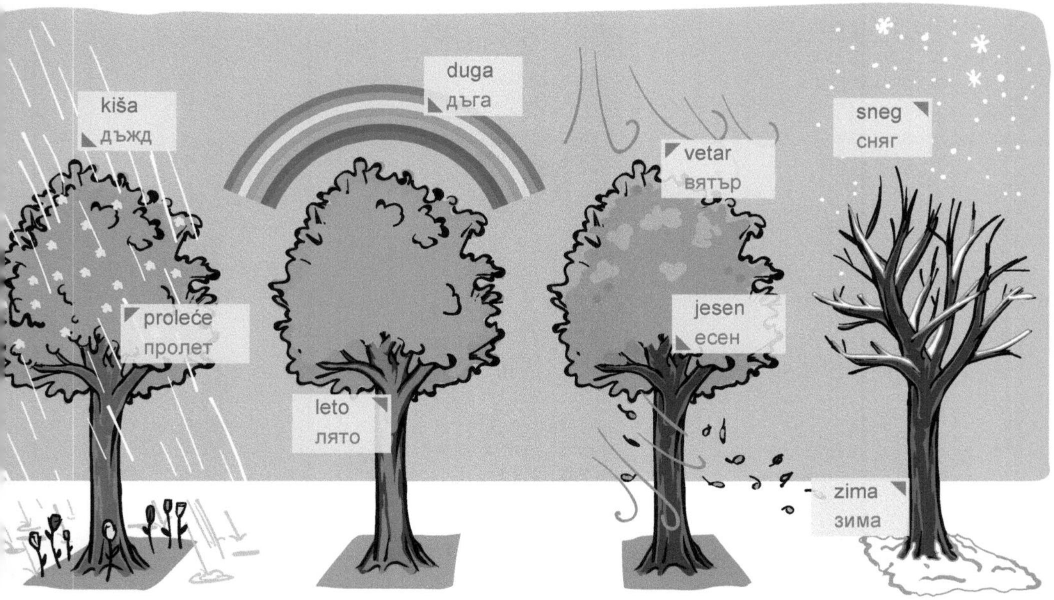

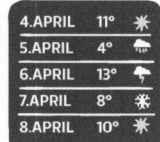

meteorološka prognoza

прогноза за времето

F C
120 90 60 30 0 -30
40 30 20 10 0 -10 -20

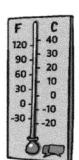

termometar

термометър

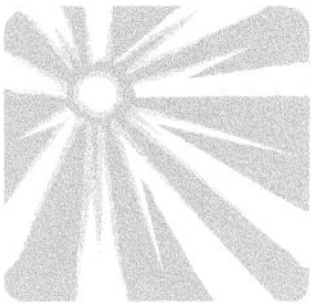

sunčana svetlost

слънчева светлина

oblak

облак

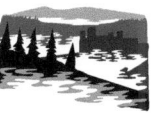

magla

мъгла

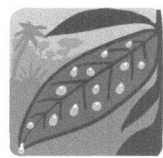

vlažnost vazduha

влажност на въздуха

munja

светкавица

grmljavina

гръмотевица

oluja

буря

tuča

градушка

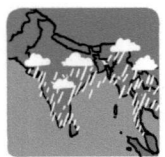

monsun

мусон

poplava

наводнение

led

лед

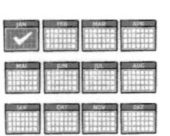

januar

януари

februar

февруари

mart

март

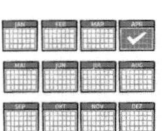

april

април

maj

май

juni

юни

juli

юли

avgust

август

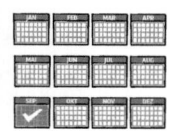

**septembar**

септември

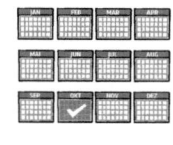

**oktobar**

октомври

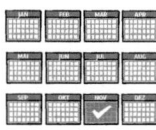

**novembar**

ноември

**decembar**

декември

krug

кръг

kvadrat

квадрат

pravougao

четириъгълник

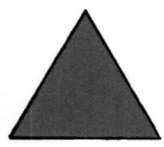

trougao

триъгълник

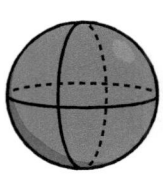

kugla

сфера

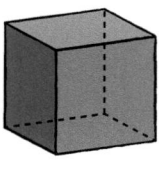

kocka

куб

bela

бял

žuta

жълт

narandžasta

оранжев

ružičasta

розов

crvena

червен

ljubičasta

лилав

plava

син

zelena

зелен

smeđa

кафяв

siva

сив

crna

черен

mnogo / malo

много / малко

ljutito / mirno

ядосан / спокоен

lepo / ružno

красив / грозен

početak / kraj

начало / край

veliko / maleno

голям / малък

svetlo / tamno

светъл / тъмен

brat / sestra

брат / сестра

čisto / prljavo

чист / мръсен

potpuno / nepotpuno

пълен / непълен

dan / noć

ден / нощ

mrtvo / živo

мъртъв / жив

široko / usko

широк / тесен

jestivo / nejestivo

ядлив / неядлив

zlo / dobro

сърдит / любезен

uzbuđeno / dosadno

развълнуван / скучаещ

debelo / mršavo

дебел / тънък

na početku / na kraju

най-напред / най-накрая

prijatelj / neprijatelj

приятел / враг

puno / prazno

пълен / празен

tvrdo / mekano

твърд / мек

teško / lagano

тежък / лек

glad / žeđ

глад / жажда

bolesno / zdravo

болен / здрав

ilegalno / legalno

нелегален / легален

pametno / glupo

интелигентен / глупав

levo / desno

ляво / дясно

blizu / daleko

близо / далече

**novo / polovno**

нов / употребяван

**ništa / nešto**

нищо / нещо

**staro / mlado**

стар / млад

**uključeno / isključeno**

вкл. / изкл.

**otvoreno / zatvoreno**

отворен / затворен

**tiho / glasno**

тих / силен (звук)

**bogato / siromašno**

богат / беден

**tačno / pogrešno**

правилен / погрешен

**hrapavo / glatko**

грапав / гладък

**tužno / sretno**

тъжен / щастлив

**kratko / dugo**

дълъг / къс

**polako / brzo**

бавен / бърз

**mokro / suho**

мокър / сух

**toplo / hladno**

топъл / студен

**rat / mir**

война / мир

# brojevi
## числа

**0**

nula

нула

**1**

jedan

едно

**2**

dva

две

**3**

tri

три

**4**

četiri

четири

**5**

pet

пет

**6**

šest

шест

**7**

sedam

седем

**8**

osam

осем

**9**

devet

девет

**10**

deset

десет

**11**

jedanaest

единадесет

**12**

dvanaest

дванадесет

**13**

trinaest

тринадесет

**14**

četrnaest

четиринадесет

**15**

petnaest

петнадесет

**16**

šestnaest

шестнадесет

**17**

sedamnaest

седемнадесет

**18**

osamnaest

осемнадесет

**19**

devetnaest

деветнадесет

**20**

dvadeset

двадесет

**100**

stotinu

сто

**1.000**

hiljadu

хиляда

**1.000.000**

milion

милион

engleski

английски

američki engleski

американски английски

mandarinski kineski

китайски мандарин

hindski

хинди

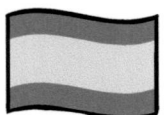

španski

испански

francuski

френски

arapski

арабски

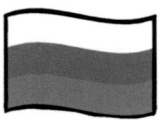

ruski

руски

portugalski

португалски

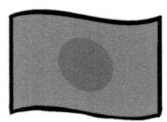

bengalski

бенгалски

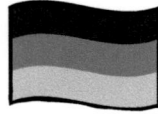

nemački

немски

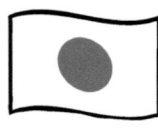

japanski

японски

ja
аз

ti
ти

on / ona / ono
той / тя / то

mi
ние

vi
вие

oni
те

Ko?
кой?

Šta?
какво?

Kako?
как?

Gde?
къде?

Kada?
кога?

ime
име

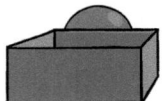

iza

зад

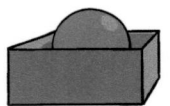

u

в

ispred

пред

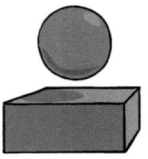

preko

над

na

върху

ispod

под

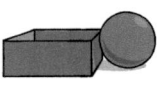

pored

до

između

между

mesto

място